풀밭의 푸른 힘

김금옥 시집

풀밭의 푸른 힘

김금옥 시집

Poems by Kim geum ok

동학사

■ 시인의 말

시는 나에게 잔인한 형벌처럼 다가왔다. 힘든 생활 속에서도 나는 늦깎이로 공부하면서 시에 몰두해왔다. 언어를 갈고 닦기 위하여 나는 돌을 쪼는 석공처럼 또는 쇠를 담금질하는 대장장이처럼 시에 정성을 쏟았다. 경제와 거리가 먼 시를 쓴다는 것은 어쩌면 무모할지도 모른다. 그러나 시는 바람에 흔들리는 풀꽃처럼 언제나 외로움과 슬픔을 나와 함께 지낸 피붙이임을 어쩌랴. 지금까지 써온 시를 묶어 낯설고 두려운 마음으로 첫 시집을 내어놓는다.

2024년 초여름

김금옥

풀밭의 푸른 힘

김금옥 시집

■ 시인의 말 5
■ 작품 해설 103

1

옹달샘 • 11
자귀나무 꽃 • 12
풍금소리 • 13
엉겅퀴의 추억 • 14
얼굴 • 15
남아있는 흑백사진 • 16
새까만 간장 • 18
반 고흐에게 10원을 빌리다 • 19
벌레 우는 밤 • 20
반딧불이 • 21
풀잎우체통 • 22
정원 • 23
소낙비 • 24
내 어머니 실루엣 • 25
사랑할 때는 모든 풀잎들이 음표가 된다 • 26
잡풀들의 씨앗 • 27
버드나무 그늘에서 • 28
썰물 드는 저녁 • 29

2

파도여 언제까지나 • 33
아무것도 보이지 않았다 • 34
아버지와 황소 • 35
민들레꽃엔 진딧물이 끼지 않는다 • 36
진달래꽃 속의 뱀 • 37
나를 변하게 했던 것들 • 38
유채꽃밭을 갈아엎었다 • 39
폭설과 문학수업 • 40
시어머니와 하룻밤 • 42
쉴 새 없는 하루하루 • 44
첫눈 • 46
부부 • 47
들꽃 • 48
워낭소리 • 49
동백섬 • 50
봉숭아 • 51
지구가 늙었다 • 52

3

시를 쓰는 밤 • 57
여름방학과 소 • 58
가정방문 • 60
행숙이 • 62
여행과 배탈 • 64
능금 • 66
안개꽃 • 67
아침바다 • 68
소생하는 봄비 • 69
간이역 • 70
풀밭의 푸른 힘 • 71
그대가 지키는 독도여 • 72
홍어 • 73
들녘 허수아비 • 74
윤슬 • 75
먼 훗날 • 76
절규 • 77
너의 흔적 • 78

4

기다리는 나무 • 81
백합향기 • 82
그리운 별 • 83
열무 • 84
그 아이 • 85
늦공부 • 86
불 타는 단풍 • 87
돌아가는 길 • 88
초경 • 89
늘어난 태엽을 감아야 할 때다 • 90
촛불을 밝혀놓고 • 92
별똥별을 주우며 • 93
청보리 익어가는 들판 • 94
공원의자 • 95
채송화 • 96
주부일기 • 97
아버지의 땀냄새 • 98

1

옹달샘

한 번도 가 보지 못한 숲 속으로
우연히 들어가 보았다

맑은 옹달샘에
어두운 내 얼굴이 떠 있었다

초록 물푸레 한 잎 따서
하늘로 실어 보냈다

아무도 만나지 않은 바람이
나를 와락 껴안아 주었다

자귀나무 꽃

가슴에 분홍 코사지 단
수줍은 얼굴이다

밤이면 꽃잎이 오므라들어
서로 포옹하고 잔다

고생하면서 지나온 일을 돌아보는
바람 같은 꽃

자고 일어난 아침이슬이
눈물처럼 반짝거린다

풍금소리

나태주 시인이 치는
맑은 풍금소리

책보를 동여맨 오빠가
뜸부기처럼 날아간다

풀꽃문학관 뒤뜰
영춘화가 만발하였다
초등학교 교실
왁자한 아이들 목소리가 들려온다

반쯤 내민 제비붓꽃이
운동장에 줄 선 단발머리 같다

엉겅퀴의 추억

온몸에 가시투성이다

유독 싫어하는 짓만 하고 있다

갓버섯 밤나무버섯 뱀딸기 자란

산그늘에 숨어

복숭아나무 끈적끈적한 진딧물처럼

보이지 않게 돌아 앉아

엄마가 속 터질 일만 저지르고 있다

얼굴

몰래 그려놓은 내 얼굴을
누가 알겠는가

옷을 다 벗어던지고
허벅지를 드러낸
표지 모델처럼

오래 묵은 나목이 되어
아무것도 걸치지 않고
몸으로 말한다

무엇을 더 가리리
이미 얼굴이 다 늙었음을

남아있는 흑백사진

며칠 간 열이 오르고
움직이기조차 힘들었다

거실에 걸려있는 흑백사진을
쓰다듬고 쓰다듬는다

너는 멀리 떠났지만
아직도 살아있을 때처럼
언제나 웃고 있구나

잊지 못해 얼굴을 맞대어
너의 향기를 맡는다

그리움이 사무쳐
흑백사진을 돌려놓는다

보고 싶어 어쩌지
보고 싶어 어쩌지

아무 대답 없이 매정하게
너는 그저 웃고 있다

새까만 간장

새까만 간장이
투명한 거울 같구나

동그란 우물 속에
어린 시절 내 얼굴이 잠겼네

햇살 따라 따뜻해진
감나무 밑
반질반질한 장독항아리

지난여름 뜬
숯 메주 빼내고

건 고추 넣고
향기를 더하니

떠낸 간장 한 종지에
고인 정처럼
맛이 깊네

반 고흐에게 10원을 빌리다

풀벌레 울음소리 그치고
적막한 밤하늘에
별들이 몸부림쳤다

누구에게도 위안 받지 못하고
외따로 선 측백나무가
검은 불길처럼 치솟아 올랐다

구름이 회오리 치는
밤하늘의 외로움과 슬픔을 안고
혼자 뒹굴었다

손이 닿지 않는
십자가 종탑 꼭대기에
녹슨 달이 걸려있었다

별이 빛나는 밤에
빈 깡통을 내밀고 있는
반 고흐에게 10원을 빌렸다

벌레 우는 밤

가랑잎에 이슬 내리면
달무리 슬프게 보였다

이런 깊은 밤엔
새끼 잃은 소쩍새 밤새 운다

이제 갓 알에서 깨어난
나비의 애벌레들

어디론지 가보려고
꼼지락거린다

새벽이 오도록 내가
잠들지 못하고 뒤척인다

반딧불이

캄캄한 여름밤에
빗금을 긋는다

용정리 옛 우물가
늙은 감나무를 찾거나

냇가 잡풀 속
태어난 자리를 서성거린다

인적 없는 곳으로 날아가는
꽁무니 파란 불

어디에서 숨어 있었나
휘황한 불빛을 피해 날아간다

도시에서 볼 수 없는
반딧불이

아 별처럼 지새운 밤들
달빛 어린 여울물처럼 반짝거린다

풀잎우체통

강낭콩 줄기가 쑥쑥 자랍니다
아기 손만큼 자란 콩잎들이
예닐곱 녀석들이 커갑니다
부추도 잘 자라고 있습니다
마도 덩굴을 이루어 고랑을 덮습니다
지난해 심은 감나무는
임신한 새댁처럼 첫 아기를 안고 있습니다
나팔꽃에 햇살이 앉습니다
친했던 여고동창에게 편지를 쓰고 싶습니다
비가 대신 편지를 씁니다
풀잎에 가려진 우체통에 편지를 넣습니다

정원

옆에서 보고 있던 제비꽃, 수선화가
활짝 웃었다

손톱만한 비비새가 날아와 종알거리고
산철쭉 속으로 숨으면

먼 연둣빛 산이 가까이 다가서고
느릅나무 속잎이 젖는다

어머니가 정성들여 가꾸어 놓은 정원에
모란꽃 봉오리 하얗게 터졌다

소낙비

십리 밖에서 달려오는 말발굽 소리가
요란하게 들린다
물러설 기세가 아니다

갑자기 쳐들어온 십만 대군은
조용한 배롱나무를 쓰러뜨리고
봉선화를 뭉게 놓는다

넘쳐나는 힘찬 기세는
대비 없는 양철지붕을 뚫어 놓는다
그러나 쳐들어온 땅을 알고
이내 조용히 물러난다

내 어머니 실루엣

담장에 기어오르다가 떨어지고
다시 피다가 이내 떨어지는
능소화 애달프다

어머니 하는 일 이리 꼬이고
저리 휘어져
이제는 힘을 잃었다
울다 지친 아이 업고
진종일 밭일 하다가

젖 늘어지고
허리 구부러진
내 어머니 실루엣
석양에 지고 있다

사랑할 때는 모든 풀잎들이 음표가 된다

바람 따라 일제히 눕는
작은 풀잎소리를

울면서 지나가는 물이
석양에 물들어 가는 소리를

서리 맞은 가을 국화가
기러기 울음 따라가는 소리를

그대에게 기대고 앉아 듣는
나지막한 기타소리를

내 가슴에 뜨겁게 타오르다
이내 지는 단풍잎소리를

알아듣고 사랑할 때는
모든 풀잎들이 음표가 된다*

---

* 이외수 글 중에서

잡풀들의 씨앗

그대가 살고 있는 집엔
무슨 풀꽃이 피어나나요

잡풀도 꽃인 줄 모르고
야멸차게 뽑아 버리진 않나요

보잘 것 없는 작은 잡풀들이
씨앗을 퍼뜨리는 것을 보았나요

그대가 살고 있는 집엔
하잘 것 없는 잡풀이 무성한가요

버드나무 그늘에서

혼자 몰래 한 사랑은
아직도 끝나지 않았다

멀리까지 흐르는 물
멈출 수 없다면

버드나무 잎을 따서
긴 편지를 쓰리라

흔들리는 버드나무 그늘에서
용꿈을 꾸고 있는 나는

만 리 밖 그대가 치는
푸른 종소리를 듣는다

썰물 드는 저녁

해질 무렵 암적갈색으로
썰물 드는 노을 빛

바지락 캐는 아낙
펄 긁는 호미소리

여기저기 돋아나는
미역 파래

해안으로 불어오는
비릿한 바람

그렁그렁한 눈물처럼
노을 물든 바다를 바라본다

2

파도여 언제까지나

어둠속에 밀려오는
아득한 그리움

깜장 깃발을 나부끼는
돛배는 언제나 그 자리에

오늘도 일몰처럼
수평선에 누웠구나

이제 다시는
사랑하지 않으리

썼다가 찢어버린
애절한 편지

수평선 너머
파도여 언제까지나

아무것도 보이지 않았다

아무것도 보이지 않았다
아들이 죽자

영원히 차단된 빛
나는 절벽의 바위가 되었다

모든 것은 변함없이
움직이고 있었다

나 혼자 멈춰서 있었다
아무 희망도 없이

아버지와 황소

여물을 먹고 식식거리는
황소의 한숨소리
밭고랑마다 퍼진다

밭은기침 하는 안개를 헤치고
새벽 일찍부터 밭에 나가
아버지는 감자를 심었다

워 워 하루 일을 끝내고 돌아오는
우직한 황소의 큰 눈망울은
아버지의 슬픔이었다

벗어날 수 없는 가난한 살림살이에
억수장마 쏟아지는데
기다려도 시집 간 딸은 오지 않았다

민들레꽃엔 진딧물이 끼지 않는다

민들레꽃엔 진딧물이
끼지 않는다

양지에서 자라는 이유도 있지만
쓰디쓴 줄기가 있기 때문이다

녹색 잎사귀에서 바글거리는
햇살을 받은 꽃

짓밟혀도 끈질기게 살아나는
근성이 있다

꽃대에 달린 도도한 씨앗
바람에 실려

가 보지 못한 낯선 곳으로
여행을 떠난다

진달래꽃 속의 뱀

길가 쑥을 캐다가
산등성이까지 올라갔다

연분홍빛 진달래향기가
혀에 닿았다

무더기로 핀 진달래꽃 속에
뱀이 똬리를 틀고 있었다

깜짝 놀라 소리치며
산골짜기를 내려왔다

얼마를 달렸는지도 모르고 돌아보니
온산이 진달래꽃이었다

나를 변하게 했던 것들

초등학교 1학년 아들 담임 선생님으로부터 전화가 왔다. 그 당시 학교에서 우유급식을 했는데 아들의 우유급식비를 면제해 준다는 거였다. 나는 얼떨결에 고맙다는 인사를 했다. 어떻게 우리집의 곤궁함을 알았을까. 컨테이너에서 어렵게 살아왔지만 이만 삼천 오백 원의 돈이 없어 우유급식 면제를 받았다는 사실은 나를 더 비참하게 만들었다. 개를 키우고 있는 나는 하루에도 수십 번 개똥을 치우며 살았다. 컨테이너에 애견센터를 차리고 말티즈, 푸들, 포메라니안, 치와와와 힘들게 살았다. 그 옆에 조그만 방 하나 두고 소파 하나를 놓고 찾아오는 손님을 맞이했다. 나를 변하게 했던 것들, 온갖 고된 일들이 소낙비처럼 지나간다. 먹고 살기 위해 억척같이 살아온 나를 초등학교 1학년 아들은 알까. 우유급식비를 면제 받은 것을 부끄럽게 생각할까. 나는 억센 아줌마란 말을 듣기 싫다. 다만 살아온 그대로 억척이라는 말을 듣고 싶다.

유채꽃밭을 갈아엎었다

팔순 할머니가
길가 바위에 엉거주춤 지팡이 짚고
간신히 앉아 있다

아직 장가가지 않은
40대 막내아들의 탄식처럼
이대로 봄날 다 가버릴까

비대면 수업 끝내고
컴퓨터에 빠져들어 있는
청개구리 손자

상춘객 없어지고 아무 쓸모없이 된
봄 들판의 눈물이
갈아엎은 유채꽃밭에 젖어있다

폭설과 문학수업

1박2일 수업을 받기 위해
폭설 속에서도
화천 다리를 건너갔다

길은 보이지 않고
흰 눈을 덮어 쓴 소나무가
이정표가 되어주었다

영하의 바람에 콧물 훌쩍이며
강의 들으려고
산골 모월당까지 갔다

이 폭설에도 결석하지 않고
강의 들으러 가는
내 발자국 소리가 들린다

문학은 끈기로
끊임없이 시를 쓰는 길
하나밖에 없다

2019년 겨울 1박 2일
폭설에서도 문학수업 받으러 가던
혹한의 길 아직도 못 잊겠다

시어머니와 하룻밤

코로나를 걱정하며 마스크를 쓰고
병원 2인실 시어머니와 같이 지냈다
이젠 대변을 가리지 못했다

아무 말도 없이 누워 있으면서
안절부절 했다
나는 빨리 눈치를 챘다

괜찮아요 괜찮아요
그냥 누세요 그냥 누세요
그래도 아무 대답이 없었다

변을 치우고
휴지로 깨끗이 닦아 드렸다
냄새가 나지 않았다

이튿날 간호사가 물었다
변은 보셨나요
네 아주 예쁘게 보셨어요

어젯밤 감추어둔 마음을
내게 다 드러내 보여준 시어머니
가슴이 쓰리고 아려왔다

쉴 새 없는 하루하루

낯선 곳으로 시집 와
까닭 없이 쓸쓸한 적이 있었습니다

그런 날 밤엔 뒷산 소쩍새가
대신 울어주었습니다

자작나무 그늘에서 자란
밭고랑 파와 참깨
올림피아 수박 순도 따야 하는데

벌써 기우는 해에
아기는 울어대고
아카시아 꽃향기는 왜 그리 진하던지

앞마당가 고추는 매일 따도
이내 빨개졌습니다

오늘은 잘 자란 농작물들에게
미소라도 지어야겠습니다

되풀이 되는 쉴 새 없는 하루하루
시름없이 지나갑니다

첫눈

가슴에 고여 있는
첫 마디만 던지면 그 자리에
조약돌이 될 것 같은

길가의 수선화는 어찌하여
아직 피지 않나요

차라리 말하지 못한
그 마음 그대로 남겨 놓을까요

정처 없이 걷는 길
갑자기 아기웃음 같은
첫눈이 풀풀 흩날리네요

부부

알았지만 서로 몰랐지요

둘이였다가 어떨 땐 철저히 혼자였다가

그래도 한 곳을 바라보는

평행선이기도 한

땀에 밴 두 손을 놓지 말고

사랑으로 꼭 잡아주세요

들꽃

내버려져 절로 자라나는

이름을 몰라 다시 들여다보는 들꽃

너무 작아 사라질 듯

햇살 눈부셔 얼굴 쏙 내밀고

지루한 하루 맞이하네

워낭소리

외양간의 소
새벽 댓바람부터 흔들어대는
워낭소리

하루 종일 일 해도
내일 또 할 일이 쌓인
한숨소리 같다

나도 따뜻한 밥 먹고
굵은 장작 지펴 놓은 아랫목에
눕고 싶다

내 손은 약손 내 손은 약손
아픈 배 문질러주던
어미의 손처럼

먹은 것 되새김질하는 소가
흔드는 워낭소리가
슬픈 운명처럼 들려온다

동백섬

인적 드문 동백섬에
밀물이 드는구나

짭조름한 바람에
동백꽃이 하늘거린다

파도소리 머금고
기다리는 열여덟 살 소녀처럼
꽃망울 맺히더니

아침 둘레길에
발그레한 볼에 보조개 쏙 들어간
동백꽃이 떨어져 있다

봉숭아

어쩌려고 이리도
여리고 붉으냐

여름내 냇가에서
눈부신 햇살 받아먹어야지

돌아서 남몰래 눈물을
훔치는 것 좀 봐

마음이 다 타 버리면
비로소 석양이 되는 것

그래야 너의 마음도
내 곁을 떠날 수 있지 않겠니

지구가 늙었다

지구가 늙었다
지팡일 짚어야 할 때가 왔다

무릎과 다리가 삐걱거린다
치매에 걸렸다

푸른 꿈을 키우는 소년이
소나무 바오밥나무 후박나무를 심어도
아무 소용이 없다

인간의 욕망이 배설한
공장지대에서 각혈하듯 쏟아져 나오는
폐수와 폐유의 찌꺼기들

텃밭에 버려진 호미가
산성비에 젖어
붉은 눈물을 흘린다

지구가 늙었다
흙에 묻힌 비닐봉지들
죽음을 기다릴 뿐이다

3

시를 쓰는 밤

도종환의 "꽃잎의 말로 쓴 편지"
시집을 읽고 나도
노트에 시를 쓰네

아들이 여백에 글을 써 놓았네
엄마는 시를 좋아했지
언제 시집을 읽을 수 있을까

아들의 그 마음을 알고
난 그만 눈물을 흘렸네

시를 쓰는 밤
나를 생각하는 아들의 목소리가
바람에 실려오네

여름방학과 소

저그 아부지이
나도 소 좀 달랑께요
내 친구들은 다 소꼴
맥이러 다닌 당께요

여름방학 때면 친구들은
소를 풀밭으로 데리고 가
풀어놓고 놀았다

하도 내가 조르니까 아부지는
할 수 없이 어미소를 내 주었다
나는 신이 나서 소를 몰고
풀밭으로 향했다

토끼풀 씀바귀 쑥 민들레
여기저기 지천이었다
소를 풀어놓고
나도 친구들처럼 뛰어놀았다

해 기울어지는 줄을
소가 먼저 알았는지
집으로 가고 있었다

소 고삐를 잡아당겼다
힘센 소를 따라가지 못하는 나는
넘어지고 말았다

소 혼자 집으로 들어서는 것을 본
아버지가 꾸짖었다
나는 하루 만에 소를 빼앗겼다

가정방문

유치면 늑룡리1구

팽나무 할아버지 오백년 째 사셨다

마을 어귀에서 첫 번째로 보이는 집

흙돌담 지나 슬레이트 지붕의 허술한 집

10평 정도의 황토마당

내 동생이 뚫어놓은 창호문

봉당에 놓인 아버지의 닳은 고무신

안방 윗목에 놓아둔 고구마 광주리

예술로 쌓아 올린 장작

그을린 부뚜막 위 찬장 막걸리 식초

배불뚝이 동치미 항아리

중2 담임 선생님 맞이한 남루한 차림의 아버지

행숙이

행숙이 집과 내 자취방은 약 2킬로미터 거리
겨울방학이면 매일 찾아왔다

장흥시내에서 여기까지 연탄 두 장을 손에 들고
눈을 털며 들어와 놀랐다

양 눈썹이 살짝 올라가고 코가 오뚝한
맑은 얼굴이 이지적이었다

보잘 것 없는 시를 쓰는 나에게
공부하는 줄로 알고 말을 걸지 않았다

행숙이 아버지는 우마차를 타고
동교동다리 건너 군청을 다니셨다

행숙이는 우마차를 싫어했다
우리 아버지 삽 메고 물꼬 보러 걸어가는 걸 보고

같이 누워 있을 때 팔베개를 해줘도
팔이 저리지 않았다

너무 늦게 유방암을 발견한 행숙이는
나를 남겨두고 떠났다

여행과 배탈

너무 좋아서 그랬던지
여행만 할 때면 배탈이 났다

촌스러워 물만 바뀌면 그랬다
그래도 아버지를 따라다녔다

아버지도 나를 데리고
나주 영산포에서 서울역까지

배탈이 멎지 않아도
계란 오징어 땅콩 사 달라고 보채면
아무 말 없이 사 주셨다

기차가 연착하여 11시간이 걸리는
기나긴 밤

차창으로 스며든 감귤 빛 반달이
나를 따라왔다

아버지는 한숨도 자지 않고
졸고 있는 나를 지켜보고 계셨다

능금

나는 너의 손에
능금을 쥐어주었어

잎처럼 가늘게 떨리는 손을
나는 보았어

풋풋한 햇살에 잘 익은 능금이
향기를 품고 있었어

안개꽃

많은 사람들에게
웃음을 안겨주네

자신을 드러내지 않고
둘레에 서서
중심을 꾸며주네

작은 꽃들이 모여
한 다발의 아름다움을 이루고
안개처럼 피어나네

다정한 속삭임이
초저녁 밤하늘 반짝이는 별처럼
하얗게 돋아나네

숨어서 슬픔을 달래주는
풀벌레소리처럼
자잘한 안개꽃 피어나네

아침바다

삼킨 해를 토해내는
아침바다는

수없는 곤두박질을 되풀이 하면서
거대한 산을 밀고 온다

아무 잘못한 것도 없는데
어둠 속에 나를 불러 앉히고

피아노 하얀 건반처럼
내 가슴을 때린다

소생하는 봄비

풀잎에서 소생하려는 봄비
밤새 조용히 내린다

긴 밤 어둠이
이를 지켜보고 있다

봄비는 안개 속으로
기적을 울리며 온다

줄어들었던 강이
깨어나 물 들이키는 소리

대지가 소생하여
연초록빛 소리를 지른다

봄비가 내린다
소생하는 생명들을 위해

간이역

없었던 것처럼 지나가는
간이역에서

순수했던 유년의 풍경을
다시 그려본다

옛날에 있었던 그 자리에
묵은 향나무 서 있네

햇빛 눈부신 정오에
쓰르라미 한 마리 울고 있네

허전한 마음속으로
연기를 내뿜는 기차 지나가네

풀밭의 푸른 힘

풀밭의 작은 풀들이
톱날에 잘려 나갈 때에는
자신을 드러낸다

비릿한 풀냄새로
살아있는 생명의 소중함을
소리 내어 외친다

작은 풀들이 모여 풀밭을 이루고
푸른 힘을 내기 위해
비에 젖는다

작은 풀들이 잘려나간 자리에
다시 풀이 돋아난다
죽은 생명이 부활한다

비를 머금은 작은 풀들이
세력을 확보한다
푸른 힘이 풀밭을 덮는다

그대가 지키는 독도여

그대가 지키는 독도여
바위가 껴안고 있는
든든한 섬

파도가 출렁거릴 때마다
태극기 펄럭인다
한겨레로 뭉친 대한민국
동쪽에 해가 뜬다

태풍이 밀려오고 해일이 일어나도
끄떡없이 치솟아서
그대가 주인임을 우렁차게 외친다

우리민족이 지키는 독도여
영원하리라
평화를 수호하리라

홍어

만 오천 원 받으면 파마 약값도 안 나온다. 도회지로 다 빠져나간 통에 미자 아지매 마져 나가면 누가 있어. 늙은 할마씨들 뽀까주노. 사람도 이러코롬 쭈굴쭈굴 허게스리 발효가 디어야 하는디. 지리산 팔백고지에서 내려와 미장원 들어서 숨 고르며 소파에 앉으시는 팔순 노인네, 미자 아지매 보고 하는 말인가. 아니면 뉘보고 하는 말인가. 다 떠나버려 이젠 꼼짝없이 비녀 꼽는거 아닌가 생각혔는디. 이러코롬 고향 지키닌께 허는 말이여. 평소 무뚝뚝하기로서는 황소고집만큼이나 쎄시다는 최씨 할머니, 미자 아지매에게 인심쓰듯 처음으로 내뱉는다. 내려온 김에 홍어 한 마리 사야겄어. 낼 모레이 영감 생일인디 잘 삭궈질려나 모르겄는디. 짚세기에 막걸리 한됫박하고 한 사발 더 넣어야 할랑게비여. 그거야 할머니 맴인께 콧구멍 뻥 뚫리게만 삭쿠시오. 그라지라, 사람두 홍어맹키로 발효가 되어야 하는디. 무던하기가 뭐 싫당가 홍어는 막걸리를 걸쭉하게 걸쳐야 한당께. 여그 앉으시요 내 영감 생신 축하로 오늘 새색시 만들어 드릴탱께. 할머니의 눈이 그렁그렁해진다. 할아버지와 산 육십 년의 곰삭은 홍어 한 마리 거울 속 눈물콧물 톡 쏘도록 발효되고 있다.

들녘 허수아비

두 팔을 벌리고
들녘에 멍하니 서 있네
걸쳐 입은 헌옷에
석양이 타 오르네

들판에 나와 앉은 할머니는
힘 없이 훠이훠이
날아든 참새를 쫓고 있네

고개 숙인 벼이삭처럼
등이 아래로 아래로 구부러진
할머니는 많이 야위었네

해는 속절없이 넘어가고
저녁연기를 따라
산 그림자가 점점이 어두워지네

쓸쓸하다 쓸쓸하다
허전한 손을 내젓는 허공에
바람소리가 지나가네

윤슬

사랑을 잃은 가슴에
별들이 반짝거린다

한줄기 바람이
파문을 일으킨다

잔잔한 호수에
물총새가 날아간다

이별은 사무치는
그리움을 가라앉히는 것

고요가 나를 들여다보고
은은한 눈짓을 한다

호수에 비친 달빛이
은물결을 반짝인다

먼 훗날

영원하기를
바라지 않았습니다

한여름 밤 꿈처럼
짧았던 추억

다 주지 못한
아쉬움이 가슴에 남아

당신과 머물렀던 그 곳
내 발길이 닿았습니다

먼 훗날 그대는
스쳐간 추억이겠습니다

어디서 만난 듯한
아득한 바람이 스쳐 지나가도

처음 만난 그 얼굴처럼
알아볼 수 있었으면 좋겠습니다

절규

가슴을 치며 몸부림쳐야만
절규하는 것인가

침묵 속에서
혼자 가슴앓이를 한다

아픔을 참고 참아
속이 뒤집히는

소리치지 못해
꺽꺽 울기만 하는

이루 다 말하지 못한
절규가 아직도 남아있다

너의 흔적

이걸 다 누구랑 봤어. 영화티켓 속에 너의 흔적들이 남아있네. 먼지 앉은 티켓 속에 팝콘 소리가 들리고 친구들과 홍합국물 마시며 추위를 녹이던 소주잔 흔적도 남아있네. 너는 어릴 때 사극영화를 좋아해서 영화감독이 되겠다며 대사를 줄줄 외웠지. 너와 함께 갔던 윤동주문학촌에 홍매화가 피었어. 지난 시절 생각나면 와서 봐. 너의 개성 있는 눈으로 독립영화라도 만들어보렴. "시 쓰는 울 엄마 노래하는 울 아빠" 제목이 어때. 너의 추억이 홍매화로 만발하고 그 향기가 윤동주 생가 뒷마당까지 퍼지는 영화를 만들어보렴. 군복무 중에 죽은 아들을 잊지 못하는 모든 부모들의 위로가 될 수 있도록 말이야. 엄마 아빠는 억울한 누명에 맞서 지금까지 싸워왔어. 그것만이 너를 다시 살릴 수 있는 유일한 길이었어. 다시는 만날 수 없지만 아들이 보고싶으면 윤동주문학촌에 가서 네가 좋아하던 홍매화를 보러 갈 거야. 언젠가 엄마 아빠는 너의 발자국을 찾아내고 네가 있는 천국으로 가서 너를 꼭 만날거야.

4

기다리는 나무

죽은 나뭇가지에
새로 돋아난 연두색 잎사귀가
바람에 속삭일 때

먼 산 뻐꾸기 울음소리도
좋은 철을 만난 듯
더 청아해진다

문득 스치는 라일락 향기가
골목길 접어드는
내 발걸음을 멈추게 한다

여름이 늦게 찾아와도
한자리에 서서 기다리는 나무에
물이 오른다

나는 어느새 무성한 잎을 늘어뜨린
나무 그늘에 앉아 있다

백합향기

푸른 바람은
백합향기를 뿌리면서
나를 스쳐 지나간다

순수한 마음으로
그 집 앞에서 머뭇거리다가
행여 들킬까봐 돌아선다

밤새 뒤척이다
더 이상 어찌하지 못하여
그 다음 날 고백하려 하지만

봄은 다시 저만치 물러나고
피고지기를 반복하는데

맑은 백합향기
지금도 발뒤꿈치 들고 들여다보는.

그리운 별

어스름이 내리면
석양은 막 꼬리를 감추고
훌쩍 떠나버린다

귀뚜라미 울음소리
별밤에 실려오면
낙엽은 구석으로 흩어진다

나와 가까이 지내던 사람들
신발을 벗어놓고
소식도 없이 떠나간다

마시는 커피 잔에
그리운 사람의 얼굴이
하나 둘 일렁거린다

열무

열무 단을 비닐 끈으로
바짝 조여 맨 것이

내 어머니의 주린 배처럼
잘록하다

흙에 뿌리를 내리고
골고루 잘도 자랐구나

저녁상에 올릴 열무를 다듬다가
아이 종아릴 만져본다

어느새 땅거미 덮인 앞산에
반달이 떠 있다

그 아이

슬레이트 지붕 아래
나뭇짐 쌓아놓은

사립문 뒤로 오는
그 아이 있었다

멀리 숨 죽여
몰래 나를 보는 새침데기

환한 보름달이
그 아이를 비쳐주고 있었다

늦공부

작업치료과목 중에
정신건강론이 있다

적성에 맞아
지루하지 않게 공부했다

낯선 단어가 많아도
가슴에 닿아 친밀했다

온갖 병 들어 앉은 몸에
쓴 약 들이키는 느낌

느릿느릿 받아쓰는 노트에
물꼬가 트인다

아 심야의 해바라기처럼
떠지지 않는 눈 무겁다

불 타는 단풍

이제 그만
접어야 하나

여전히 그대로
자리 잡고 있는데

내 마음 갈바람에
날려 보내기엔

아직도 불타는 단풍이
너무 젊다

돌아가는 길

아득한 저 길 끝에는
철도건널목이 있다

하늘엔 잠자리 날고
벌판의 벼가 익어간다

코스모스 길이 하늘거리고
늘어진 전깃줄에 석양이
걸려있다

기차가 느리게 기어가고
산 밑에서 돌을 쪼는 석공이
늙어가고 있다

초경

모란꽃몽우리처럼 한창 가슴이 부푼
나는 17살 소녀였다

엄마는 내 손톱에 봉숭아꽃물 들이려고
동여매어 주었다

나뭇잎이 연두에서 초록빛으로 건너갈 무렵
내 몸에서 꽃물이 배어나왔다

수줍은 17살 소녀의 가슴에
한 송이 진분홍 동백꽃이 떨어졌다

늘어난 태엽을 감아야 할 때다

북극의 만년 빙설이 녹는 반란은
시작에 불과하다

미리 예견하지 못한 일이
먼 곳에서 눈앞에 다가선다

물질이 뱉어낸 이산화탄소
종말의 예고장처럼
지상에 가득 차 있다

편리하다는 하나만으로 찍어내는
플라스틱 천국의 땅

바다는 이제
죽음의 섬이 되어가고 있다

폐그물에 엉켜 숨이 끊어져 가는
거북이 목에는
유명 기업의 라벨이 붙어 있다

기형의 해양 산물인가
고래의 배에 비닐들이 층층이 쌓여
종양처럼 장기에 차 있다

서서히 죽음으로 빠져 들어가는
블랙홀처럼 우리 모두를 삼켜버릴
도미노 재앙이다

오염의 순환궤도를 돌고 있는
지구의 늘어난 태엽을
감아야 할 때다

촛불을 밝혀놓고

바람은 내가 밝혀 놓은
촛불을 끄려고 한다

그대 두 눈에
이리저리 흩날리다가

어둠에 고개 쳐든
이 마음 녹이려고 한다

구름 속에 숨었던 반달
이내 얼굴 내민다

벌써 촛불은 다 타고
하룻밤이 지나가고 있다

별똥별을 주우며

오늘밤엔 어머니 따라 별똥별을 주우러 가겠습니다

감자꽃이 핀 밭둑에 앉아

옥수수를 담았던 바구니에 별을 담아놓겠습니다

두 마지기 밭은 하늘이불로 덮어놓고

어머니께서 수없이 뽑아내셨던 목화솜만큼이나

맑은 하늘을 우러르겠습니다

이런 날 밤엔 별들이 유난히 반짝입니다

별을 주우며 어머니와 함께 한없이 걷고 싶습니다

청보리 익어가는 들판

청보리 익어가는 들판에는
종달새 날아오른다

홀로 껴안고 온 슬픔을 달래주는
그믐달이 떠 있다

바람은 절망한 사람들에게
희망을 안겨주고 떠나고

풀벌레소리 들판이 떠내려갈 듯
바람 따라 넘실거린다

공원의자

바람이 놀다가는 공원에
빛바랜 의자 하나 놓였습니다

이 의자에 앉은 나는
매일 치솟는 아파트를 쳐다봅니다

어디에 숨어있는지 짝을 찾는
귀뚜라미가 웁니다

바람이 흔들 때마다
떨어진 가랑잎들이 나를 데리고 갑니다

아무런 자취 없이 사라지는 그림자
내가 나를 그리워합니다

채송화

까만 씨앗 떨어뜨려 놓고

남몰래 닦는 눈물 같은 햇살

눈을 맞추고

마주 앉아서 보아야 알 수 있다

웃음 잃은 내 얼굴에

마른 땅 갈라지듯 늘어난 주름살을

석양이 들여다보고

자세히 비춰 보아야 알 수 있다

주부일기

콩나물 한 봉지 파 두 단

끼니 때가 되면

무슨 반찬을 할까

된장찌개를 보글보글 끓이고

따뜻한 밥이라도

저녁상에 올려야지

가족들이 둘러앉아

꽃처럼 웃으며 밥을 먹는 자리에

가난한 하루가 건너가네

아버지의 땀냄새

엉그름 바닥의 논이
가뭄으로 타들어 간다

일 하고 들어오신 아버지 적삼이
땀에 배어 있다

바람이 지나갈 때마다
아버지의 땀냄새가 난다

시큼한 땀냄새가
아버지가 돌아가신 뒤에
방안에 배어 있다

흙냄새 같기도 하고
익어가는 벼냄새 같기도 한
아련한 냄새

아버지 돌아가신 뒤에도
내 몸속으로 들어와
지워지지 않고 있다

해설

삶의 애환과 그리움을 간결하게 응축한 서정시

- 권달웅 (시인)

1. 서정과 자연의 관계

서정시는 대상에 대한 직관의 감각과 순간에 일어나는 심상을 투영한 것이다. 삶의 애환과 에피소드, 기억 속에 남아 있는 풍경을 그려낸 그림이다. 그것은 지나간 추억의 잔영들이며 경험 속에 쌓인 축적물이다. 내면에 잠재되어 있는 이러한 영상들은 숨어 있다가 우연한 기회에 다시 분출된다. 서정시는 과거의 경험을 재생하고 재구성한 영상물이서 아름다운 정서를 유발한다.

시의 최초 발상은 사소한 것이며, 개인의 순간적 생각, 나만이 경험한 하나의 정서와 분위기를 표상한다. 서정을 바탕으로 쓴 시는 이미지가 선명하고 모호하지 않아 이해하기가 쉽다. 서정시는 고도한 기교를 부리지 않고 자연을 통해 느낀 그대로 가식 없이 드러내어 부드럽고 따뜻한 친밀감을 준다.

시와 자연 사이의 심미적 관계를 고찰한 쟈끄 마리땡은 그의 저서 『시와 미와 창조적 직관』에서 서정시는 자연과 인간 사이의 일종의 상호침투라고 말했다. 자연과 인간의 이 상호침투는 본질상 매우 특이한 것이어서 각각 자기동일성을 보존하면서 어느 한 쪽도 독립해 있지 않고 신비롭게 융합되어 있다.

고도산업과 물질문명 속에서도 인간은 자연과 함께 공존해왔다. 자연은 인간과 서로 개별의 존재가 아니라 태어난 곳에서 같이 자라며 함께 호흡을 같이한다.

2. 자연은 삶의 터전이며 배경

김금옥 시인에게 자연은 무엇인가, 그의 시에 투영된 자연은 현실과 동떨어진 자연이 아니라 지금까지 살아온 삶의 터전이고 배경으로 나타나 있다. 그를 키운 건 자연이다. 부모만이 아니라 친구, 청보리, 황소, 소낙비, 열무, 홍어, 섬, 파도, 노을, 별, 버드나무, 풀잎, 이슬, 옹달샘, 반딧불이, 풍금소리 등 자연물이다. 그의 시에 투영된 자연은 지나간 삶의 흔적이며 아름다운 정서를 유발한다. 그의 시에는 특히 들꽃이 많이 등장한다. 진달래꽃, 민들레꽃, 채송화, 안개꽃, 백합, 봉숭아, 유채꽃, 자귀나무꽃, 엉겅퀴 등 수많은 들꽃은 그가 어두운 현실에서 맑은 세계를 꿈꾸는 그리움의 대상이다.

> 한 번도 가보지 못한 숲 속으로
> 우연히 들어가 보았다
>
> 맑은 옹달샘에
> 어두운 내 얼굴이 떠 있었다
>
> 초록 물푸레 한 잎 따서
> 하늘로 실어 보냈다
>
> 아무도 만나지 않은 바람이
> 나를 와락 껴안아 주었다
>
> -「옹달샘」 전문

시집의 첫머리에 나와 있는 이 작품은 더 보탤 것도 뺄 것도 없는 짧은 시이다. 동시처럼 티 없이 해맑다. '한 번도 가보지 못한 숲 속' '옹달샘'을 찾아간 화자의 심정은 어디에도 드러나 있지 않지만 '맑은 옹달샘'과 '어두운 내 얼굴'의 대조적인 표현과 '아무도 만나지 않은 바람이/나를 와락 껴안아 주었다'를 통해 화자의 심정을 어렴풋이 짐작할 뿐이다. 이 작품은 언어의 간결성이 얼마나 중요한 것임을 일깨워준다. 감정을 절제하기 위하여 묘사를 통해 언어의 간결미를 나타내는 단형시의 정법을 보여주고 있다. 그는 한 편의 시를 쓰기 위하여 얼마나 많은 공을 들였는지 '시인의 말'에서 이렇게 밝혀놓고 있다.

> 시는 나에게 잔인한 형벌처럼 다가왔다. 힘든 생활 속에서도 나는 늦깎이로 공부하면서 시에 몰두해왔다. 언어를 갈고 닦기 위하여 나는 돌을 쪼는 석공처럼 또는 쇠를 담금질하는 대장장이처럼 시에 정성을 쏟았다.

이 말은 그가 늦깎이로 공부하면서 시를 썼지만 얼마만큼 시에 정성을 쏟아왔는지를 짐작할 수 있게 한다. 그는 자신이 걸어온 삶의 애환과 외로움을 자연을 통해 간결하게 응축해놓고 있다.

> 가슴에 분홍 코사지 단
> 수줍은 얼굴이다
>
> 밤이면 꽃잎이 오므라들어
> 서로 포옹하고 잔다
>
> 고생하면서 지나온 일을 돌아보는
> 바람 같은 꽃

자고 일어난 아침이슬이

눈물처럼 반짝거린다

–「자귀나무 꽃」 전문

자귀나무는 낮에 잎을 펴고 있다가 밤이면 오므라들어 서로를 포옹한다고 하여 합혼수라 부른다. 그 꽃은 분홍색으로 여인의 가슴에 다는 코사지와 같이 아름답다.

김금옥 시인의 대부분 시는 단순하면서도 간명하다. 이 작품의 화자는 '자귀나무 꽃'을 '가슴에 분홍 코사지 단/수줍은 얼굴'과 '고생하면서 지나온 일을 돌아보는/바람 같은 꽃'으로 객관화시키고 있다. '밤이면 꽃잎이 오므라들어/서로 포옹' 하는 부부애로 이미지를 전이시키면서 '아침이슬이/눈물처럼 반짝거린다'는 마지막 구절로 삶의 애환을 간결하게 표상해놓고 있다.

바람 따라 일제히 눕는

작은 풀잎소리를

울면서 지나가는 물이

석양에 물들어 가는 소리를

서리 맞은 가을 국화가

기러기 울음 따라가는 소리를

그대에게 기대고 앉아 듣는
나지막한 기타소리를

내 가슴에 뜨겁게 타오르다
이내 지는 단풍잎소리를

알아듣고 사랑할 때는
모든 풀잎들이 음표가 된다

-「사랑할 때는 모든 풀잎들이 음표가 된다」 전문

이 작품은 각 연마다 자연이 들려주는 소리를 감각적으로 표현했다는 것이 특징이다. '물이/석양에 물들어 가는 소리', '가을 국화가/기러기 울음을 따라가는 소리', '그대에게 기대고 앉아 듣는/나지막한 기타소리', '내 가슴에 뜨겁게 타오르다/이내 지는 단풍잎소리' 등은 모두 화자가 '사랑할 때' 들었던 가을의 '음표'들이다. 각 연마다 바람에 수런거리는 풀잎들을 청각적 이미지로 제시하여 '음표'로 지각한 개성적 표현이 돋보인다.

개성적 표현은 「풀잎우체통」에서도 나타나 있다. 화자는 '강낭콩', '부추', '마', '감나무', '나팔꽃' 등의 다양한 농작물과 식물들을, 잘 자라나는 '예닐곱 여석', '첫 아기'를 안고 있는 '임신한 새댁', '편지'를 쓰고 싶은 '여고동창'으로 의인화하고 있다. 화자가 과거 농촌에서 경험했던 자연 풍경을 내면으로 다시 끌어들이고 있어 서술적인 요소를 극복해내고 있다. 특히 두 개의 어휘를 접목하여 붙인 식물성 제목이 인상적이다. 서정시라고 하여 다 고답적인 것은 아니다. 한 어휘, 한 구절, 한 제목에서라도 나만의 새로운 감각으로 표출할 때 개성적인 서정시가 될 수 있다.

3. 어린 시절의 자화상과 그리움

그의 시에는 깊은 산골에서 바람에 흔들리는 들꽃처럼 어린 시절의 자화상이 그대로 표상되어 있다. 산골 학교 앞을 지나가다가 풍금소리를 들으면 누구나 불현 듯 초등학교 시절의 코흘리개들이 떠오를 것이다. 들꽃과 함께 자란 어린 시절의 추억은 김금옥 시인에게는 모두 그리움의 대상으로 다가선다. 그리움은 각박한 현실에서 꿈꾸는 이상이다. 시인은 이 이상을 통해 고된 현실을 이겨내고 잃어버린 꿈이나 자아를 성찰하고 확인하게 되는 것이다.

나태주 시인이 치는
맑은 풍금소리

책보를 동여맨 오빠가
뜸부기처럼 날아간다

풀꽃문학관 뒤뜰

영춘화가 만발하였다
초등학교 교실
왁자한 아이들 목소리가 들려온다

반쯤 내민 제비붓꽃이
운동장에 줄 선 단발머리 같다

－「풍금소리」 전문

'풀꽃문학관'뜰의 정경을 묘사하고 있다. '영춘화가 만발'하고 '반쯤 내민 제비붓꽃이/운동장에 줄 선 단발머리 같다'는 표현은 천진난만했던 초등학교 시절을 그립게 한다. 시는 어떤 대상을 관찰하고 소통하면서 지난날에 경험했던 일이나 또 하나의 다른 대상을 떠올리는 일종의 연상작용이다.

시인은 어느 날 공주에 있는 풀꽃문학관에 가서 '나태주 시인이 치는/맑은 풍금소리'를 들으면서 순수했던 유년시절을 떠올렸을 것이다. '책보를 동여맨 오빠'가 보이고 논두렁길로 '뜸부기'가 날아가는 농촌풍경이 그려져 있다. 화자는 그래서 더욱 돌아갈 수 없는 '초등학교 교실/왁자한 아이들 목소리'를 환청하며 옛 시절을 그리워하고 있는 것이다. 마찬가지로 화자는 '풍금소리'를 들으며 현실에서 잃어버린 옛 시절을 그리워하고 있다.

캄캄한 여름밤에

빗금을 긋는다

용정리 옛 우물가
늙은 감나무를 찾거나

냇가 잡풀 속
태어난 자리를 서성거린다

인적 없는 곳으로 날아가는
꽁무니 파란 불

어디에서 숨어 있었나
휘황한 불빛을 피해 날아간다

도시에서 볼 수 없는
반딧불이

아 별처럼 지새운 밤들
달빛 어린 여울물처럼 반짝거린다

-「반딧불이」 전문

「반딧불이」는 생태환경의 성격을 지닌 시이다. 농촌 어디에서나 볼 수 있었던 반딧불이는 이제 자취를 감추고 말았다. 이 작품의 '용정리 옛 우물가'와 '냇가 잡풀 속'은 반딧불이가 서식했던 곳이다. 도회의 '휘황한 불빛' 아래서 살고 있는 시인은 반딧불이가 반짝이던 농촌의 밤을 회상하고 있다. 그것은 '고단한 날들' 속에서 지내는 현실이 그만큼 어둡기 때문에 '달빛 어린 여울물'을 꿈꾸는 것이다.

'캄캄한 여름밤'에 '빗금'을 그으면서 날아가는 '반딧불이'는 오늘의 현실을 부정하면서 보내는 일종의 신호일 것이다. 그것은 그리움의 편린일 수도 있고 '꽁무니 파란 불'처럼 어두운 현실을 살아가는 시인의 깨어 있는 정신일 수도 있다.

4. 궁핍한 시대의 가족사

시의 성격은 화자의 태도에 따라 달라진다. 자신의 심정을 시로 표현하는 경우도 있고, 현실을 반영하려고 시를 쓰는 경우도 있다. 이 두 형태의 시작 태도는 서로 다르지만 후자의 경우는 어두운 현실과 부딪치면서 이겨나가려고 애쓰는 시인들이다. 시인은 시를 씀으로써 어둠 속의 빛과 같은 강인한 시 정신을 지니게 된다. 시는 현실에서 도달하지 못한 꿈을 찾아 떠도는 나그네이다. 그래서 시인은 시를 씀으로써 삶의 비애와 갈등을 해소하고, 그 시대의 현실을 드러내기도 하고 굴절하기도 하면서 정신적 위안을 얻는다.

> 담장에 기어오르다가 떨어지고
> 다시 피다가 이내 떨어지는

능소화 애달프다

어머니 하는 일 이리 꼬이고
저리 휘어져
이제는 힘을 잃었다
울다 지친 아이 업고
진종일 밭일 하다가

젖 늘어지고
허리 구부러진
내 어머니 실루엣
석양에 지고 있다

–「내 어머니 실루엣」 전문

「내 어머니 실루엣」은 어머니의 고단한 노동과 헌신적인 사랑을 그리고 있다. 이 작품은 화자가 '울다 지친 아이 업고/진종일 밭일'만 하시다가 이제는 '젖 늘어지고/허리 구부러진/내 어머니'가 되셨음을 탄식하고 있다.

화자는 '하는 일 이리 꼬이고/저리 휘어져/이제는 힘'을 잃은 늙으신 어머니를 애달파 하면서 어머니의 사랑을 '담장에 기어오르다가 떨어지고/다시 피다가 이내 떨어지는/능소화'에 비유한 표현으로 이 시의 애상적 분위기를 잘 살려주고 있다.

이 작품에는 현실을 살아가면서 고통을 겪는 육체와 정신 사이에서 신음하는 서정적 자아의 회한과 눈물이 배어 있다.

며칠 간 열이 오르고
움직이기조차 힘들었다

거실에 걸려있는 흑백사진을
쓰다듬고 쓰다듬는다

너는 멀리 떠났지만
아직도 살아있을 때처럼
언제나 웃고 있구나

잊지 못해 얼굴을 맞대어
너의 향기를 맡는다

그리움이 사무쳐
흑백사진을 돌려놓는다

보고 싶어 어쩌지
보고 싶어 어쩌지

아무 대답 없이 매정하게

너는 그저 웃고 있다

－「남아있는 흑백사진」 전문

시인은 어느 날 갑자기 군인이었던 아들의 죽음을 접하게 된다. 사랑하는 아들을 잃어버린 슬픔을 시로 다 표현할 수 있겠는가. 그 어떤 어휘로도 위로가 되지 않는 혼자만이 감당해야할 외로움이었을 것이다. 화자는 아들이 보고 싶어도 보지 못하는 단절감 속에서 절망하고 슬픔에 휩싸여 있다. 그런 가슴의 응어리는 '모든 것은 변함없이/움직이고 있었다//나 혼자 멈춰서 있었다/아무 희망도 없이'에서 선연하게 드러나 있다. 불행한 현실 속에서 '남아있는 흑백사진'을 들여다 보면서 시인은 불러도 대답 없는 아들의 목소리를 '영원히 차단된 적막한 공간'에서 듣고 있다. 울부짖고 있는 어머니의 얼굴엔 아직도 살아있을 때의 '그저 웃고 있'는 아들의 모습이 중첩되어 있다.

초등학교 1학년 아들 담임 선생님으로부터 전화가 왔다. 그 당시 학교에서 우유급식을 했는데 아들의 우유급식비를 면제해 준다는 거였다. 나는 얼떨결에 고맙다는 인사를 했다. 어떻게 우리집의 곤궁함을 알았을까. 컨테이너에서 어렵게 살아왔지만 이만 삼천 오백 원의 돈이 없어 우유급식 면제를 받았다는 사실은 나를 더 비참하게 만들었다. 개를 키우고 있는 나는 하루에도 수십 번 개똥을 치우며 살았다. 컨테이너에 애견센터를 차리고 말티즈, 푸들, 포메라니안, 치와와와 힘들게 살았다. 그 옆에 조그만 방 하나 두고 소파 하나를 놓고 찾아오는 손님을 맞이했다. 나를 변하게 했던 것들, 온갖 고된 일들이 소낙비처럼 지나간다. 먹고 살기 위해 억척같이 살아온 나를 초등학교 1학년 아들은 알까. 우유급식비를 면제 받은 것을 부끄럽게 생각할까. 나는 억센 아줌마란 말을 듣기 싫어한다. 다만 살아온 그대로 억척이라는 말을 듣고 싶다.

-「나를 변하게 했던 것들」 전문

힘들었던 지난날의 현실이 적나라하게 표출되어 있다. 이 작품은 산문시이면서 서정시와는 달리 어떤 사건을 통해 화자의 심리를 표현하고 있는 점이 특이하다. 화자는 '컨테이너에서 어렵게' 살면서 '애견센터를 차리고' '하루에도 수십 번 개똥을 치우며' 살아가는 어느 날 1학년에 입학한 아들 담임 선생님으로부터 '아들의 우유급식비를 면제' 해주겠다는 전화를 받는다. '이만 삼천 오백 원의 돈이 없어 우유급식 면제를 받았다는 사실은 나를 더 비참'하게 만들었지만 '억척'으로 살아온 힘이 나중에 '나를 변하게 했던 것들'이라고 회상하고 있다. 그러면서 '1학년 아들'이 '우유급식비를 면제 받은 것을 부끄럽게 생각할까' 걱정하고 있는 심리가 나타나 있다. 이 작품은 산문시를 통해 현실을 이겨나가는 강인한 힘과 현실과 꿈의 갈등에서 빚어지는 심리상태를 현실감 있게 전달하고 환기시키고 있다.

5. 현실과 이상의 갈등

인간은 끝없는 절망과 비애를 겪고 난 뒤에 성숙한다고 한다. 시인은 이러한 갖가지 고통과 갈등을 시로 표현함으로써 그것을 구원받는다. 우리는 현실이 힘들고 고통스러울수록 그 현실을 벗어나기 위해 발버둥을 치고, 이상을 꿈꾸게 된다.

유치면 늑룡리1구

팽나무 할아버지 오백년 째 사셨다

마을 어귀에서 첫 번째로 보이는 집

흙돌담 지나 슬레이트 지붕의 허술한 집

10평 정도의 황토마당

내 동생이 뚫어놓은 창호문

봉당에 놓인 아버지의 닳은 고무신

안방 윗목에 놓아둔 고구마 광주리

예술로 쌓아 올린 장작

그을린 부뚜막 위 찬장 막걸리 식초

배불뚝이 동치미 항아리

중2 담임 선생님 맞이한 남루한 차림의 아버지

-「가정방문」 전문

이 작품은 구성이 특이하다. 각 연을 한 행으로 잘라 영화 한 장면 한 장면을 찍는 카메라 앵글처럼 포착해내고 있다. 모든 대상을 시야에 보이는 그대로 촬영해 놓고 있다. 화자는 중2 때 '가정방문'을 오시는 담임 선생님 눈을 통해 대상을 하나하나 보여주고 있다.

그 대상들은 모두 낡고 허술하고 그을리고 가난에 찌든 남루한 형상이다. 이러한 대상의 나열은 시인이 암시적으로 농촌의 현실과 생활양상을 드러내고자 함이다. 마지막 연 '중2 담임 선생님을 맞이한 남루한 차림의 아버지'에서는 대조의 기법을 통해 궁핍한 농촌생활을 극명하게 드러내주고 있다.

풀벌레 울음소리 그치고
적막한 밤하늘에

별들이 몸부림쳤다

누구에게도 위안 받지 못하고
외따로 선 측백나무가
검은 불길처럼 치솟아 올랐다

구름이 회오리 치는
밤하늘의 외로움과 슬픔을 안고
혼자 뒹굴었다

손이 닿지 않는
십자가 종탑 꼭대기에
녹슨 달이 걸려있었다

별이 빛나는 밤에
빈 깡통을 내밀고 있는
반 고흐에게 10원을 빌렸다

–「반 고흐에게 10원을 빌리다」 전문

「반 고흐에게 10원을 빌리다」는 반 고흐의 그림에 나타난 고독과 소외의식을 투영하고 있다. '별들이 몸부림쳤다', '구름이 회오리 치는', '녹슨 달이 걸려있었다' 등의 표현에서 우리는 어둠속의 별빛처럼 누구에게도 위안 받지 못한 서정적 자아의 소외 받고 우울한 심정을 짐작할 수 있다. 반 고흐가 화폭에 담은 어두운 색깔과 강열한 노란색처럼 이 작품은 적절한 비유와 은유로 현실과 이상의 갈등을 무리 없이 조응해내고 있다.

마지막 연에서 '빈 깡통을 내밀고 있는/반 고흐에게 10원을 빌렸다'는 표현은 그의 '밤하늘의 외로움과 슬픔', 그리고 궁핍했던 현실을 떠올려주고 있다. 나타내고자 하는 사상을 적절하게 응결한 시는 아름다운 정서와 함께 시의 생기를 불어넣어준다. 그의 "별이 빛나는 밤" 그림을 보는 것처럼 「반 고흐에게 10원을 빌리다」는 개성적이고 반어적인 표현이 오래도록 그 인상으로 남아있다.

만 오천 원 받으면 파마 약값도 안 나온다. 도회지로 다 빠져나간 통에 미자 아지매 마져 나가면 누가 있어. 늙은 할마씨들 뽀까주노. 사람도 이러코롬 쭈굴쭈굴 허게스리 발효가 디어야 하는디. 지리산 팔백고지에서 내려와 미장원 들어서 숨 고르며 소파에 앉으시는 팔순 노인네, 미자 아지매 보고 하는 말인가. 아니면 뉘보고 하는 말인가. 다 떠나버려 이젠 꼼짝없이 비녀 꼽는거 아닌가 생각혔는디. 이러코롬 고향 지키닌께 허는 말이여. 평소 무뚝뚝하기로서는 황소고집만큼이나 쎄시다는 최씨 할머니, 미자 아지매에게 인심쓰듯 처음으로 내뱉는다. 내려온 김에 홍어 한 마리 사야겄어. 낼 모레이 영감 생일인디 잘 삭궈질려나 모르겄는디. 짚세기에 막걸리 한됫박하고 한 사발 더 넣어야 할랑게비여. 그거야 할머니 맴인께 콧구멍 뻥 뚫리게만 삭쿠시오. 그라지라, 사람두 홍어맹키로 발효가 되어야 하는디. 무던하기가 뭐 싶당가 홍어는 막걸리를 걸쭉하게 걸쳐야 한당께. 여그 앉으시요 내 영감 생신 축하로 오늘 새색시 만들어 드릴탱께. 할머니의 눈이 그렁그렁해진다. 할아버지와 산 육십 년의 곰삭은 홍어 한 마리 거울 속 눈물콧물 톡 쏘도록 발효되고 있다.

–「홍어」 전문

「홍어」는 긴 산문시이다. 구어체로 쓴 이 시는 그럼에도 지루하지 않다. 간결하고 청명한 서정시를 쓰는 시인은 왜 이런 긴 산문시를 썼을까. 그것은 아마 시인만의 사투리에 대한 정감과 의도적인 생각이 작용했을 것이다.

이 작품의 특성은 팔순의 최씨 노인이 미장원에 파머 하러 갔다가 내일 모레 생일인 영감에게 홍어를 사줄 생각하면서 질펀하게 쏟아놓은 사투리에 있다. 화자는 호남 사투리를 구성지게 구사하여 향토성과 순박성을 잘 살려놓고 있다.

'–하는디, –겄는디, –혔는데, –게비여, –디어야, –허게스리, –싶당가, –그라지라, –탱께, –하시오, 이러코롬' 등의 호남 사투리의 서술형 어미는 그 지방 사람들의 독특한 억양과 토속적 정서를 잘 반영한다. 옛 말을 그대로 사용하고 있는 팔순노인의 투박한 사투리를 들어보면 '육십 년의 곰삭은 홍어 한 마리'의 '눈물콧물 톡 쏘도록 발효'된 맛을 느낄 수가 있다.

6. 대상을 포용하는 따뜻한 시선

김금옥 시인의 시는 지난날의 삶에 대한 경험과 잔상을 재구성하여 자기만의 개성적 목소리로 현현한다. 그는 삼라만상 자연을 오늘의 현실 속에서 부딪친 경험들과 접합하여 새로운 시각으로 그려내고 있다. 삶의 현실에서 포착된 대상은 다시 상상력에 의해 질서화하고, 질서화한 대상은 현실을 살아가는 자아의 삶을 환기시킨다. 서정을 바탕에 두고 짧은 시로 그려내는 그의 시에는 일상생활의 사소한 것들을 자연과 접목시켜 자아의 삶과 고뇌를 성찰해내고 있어 대상을 포용하는 따뜻한 시선이 깃들어 있다.

콩나물 한 봉지 파 두 단

끼니 때가 되면

무슨 반찬을 할까

된장찌개를 보글보글 끓이고

따뜻한 밥이라도

저녁상에 올려야지

가족들이 둘러앉아

꽃처럼 웃으며 밥을 먹는 자리에

가난한 하루가 건너가네

-「주부일기」 전문

이 작품은 일상의 일들을 주부의 눈으로 일기처럼 써 놓은 시이다. 사소함 속에 가족을 생각하는 따뜻한 정이 깃들어 있다. '콩나물 한 봉지 파 두 단'을 사들고 저녁의 밥상을 준비하는 주부의 따뜻한 마음이 그려져 있다. '된장찌개를 보글보글 끓이고/따뜻한 밥'을 지으면서 '가족들이 둘러앉아/꽃처럼 웃으며 밥'을 먹는 가족들의 저녁식탁을 생각하고 있다. 넉넉한 살림살이가 못되어도 이런 가정에는 아마 '가난한 하루가 건너'가고 행복한 내일이 찾아올 것이다. 간결하고 소박하게 표현한 이 시에는 저녁식탁에 둘러앉은 가족들의 웃음소리가 은수저소리와 함께 가까이 들려오는 것 같다.

옆에서 보고 있던 제비꽃, 수선화가
활짝 웃었다

손톱만한 비비새가 날아와 종알거리고
산철쭉 속으로 숨으면

먼 연둣빛 산이 가까이 다가서고
느릅나무 속잎이 젖는다

어머니가 정성들여 가꾸어 놓은 정원에
모란꽃 봉오리 하얗게 터졌다

-「정원」 전문

'어머니가 정성들여 가꾸어 놓은 봄'의 '정원'이 아름답게 펼쳐져 있다. 멀리 연둣빛 산이 가깝게 보인다. 이 작품은 표현이 섬세하고 정서가 치밀하다. 화자가 따뜻한 시선으로 바라보는 정원에는 아름다운 자연이 그려져 있다. 이 시에 등장하는 대상은 모두가 여리고 작다.

새파란 알을 낳으며 비비비비 소리를 내며 우는 손톱만 한 비비새, 이제 막 여린 잎과 꽃망울을 터뜨리는 '제비꽃, 수선화, 산철쭉, 느릅나무 속잎, 모란꽃 봉오리, 연둣빛 산'은 모두 어머니의 따뜻한 사랑을 나타내는 매개물이다. 정원에서 봄 햇살을 받고 있는 모든 대상들은 서로 사랑의 눈짓을 보내고 있다. 이 시가 단순한듯 하면서도 단순하지 않은 것은 '정원'을 객관적 상관물인 가정으로 파악하고 있기 때문이다.

김금옥 시인은 자신이 살아온 삶의 애환과 잃어버린 것들에 대한 그리움을 자연을 통해 간결하게 응축하고 있다. 내면과 자연의 등가적 유추로 창조하는 그의 시관을 짧은 시 형태로 잘 구축해내고 있다. 시인은 사소한 일상생활의 경험과 정감을 그것과 유사한 객관적 상관물로 관계를 맺게 하고 소통 시킨다. 그의 서정시는 거울에 비친 자신의 얼굴을 들여다보듯, 현실의 삶속에서 얼룩진 자아의 상처와 흔적들을 선명하게 투영해내고 있다. 그의 작품에는 치열하게 살아 온 과거의 삶과 현재의 삶이 대조적으로 조응되어 있다. 그의 시의 특징은 크게 몇 가지로 조감할 수 있다.

김금옥 시인은 작품 구조는 주로 단시 형태이다. 단시가 지니고 있는 언어의 간결성과 의미의 함축성은 이미지의 선명성을 부여한다. 장황하지 않고 간결한 시 형태는 모호하지 않아 누구나 이해하기가 쉽다.

그의 작품에는 풀꽃 등 자연을 소재로 한 시가 많다. 자연에 대한 섬세한 관찰은 신선한 이미지와 함께 조밀한 서정시를 구축하게 된다.

또한 그의 시는 궁핍하게 살아온 가족사의 내력과 지금까지 걸어온 삶을 자연을 통해 유추하고 있어 섬세한 정서와 함께 순수의 세계를 지향하고 있다.

낯설고 두려운 마음으로 첫 시집을 내어놓는 그의 간명하고 아름다운 서정시는 앞으로 더욱 확대될 것이며 은은한 빛과 향기를 발할 것이다.

풀밭의 푸른 힘

지은이 · 김금옥
펴낸이 · 유재영, 유정융
펴낸곳 · 주식회사 동학사

1판 1쇄 · 2024년 6월 28일
출판등록 · 1987년 11월 27일 제10-149

주소 · 04083 서울 마포구 토정로53 (합정동)
전화 · 324-6130, 324-6131 | 팩스 · 324-6135
E-메일 | dhsbook@hanmail.net
홈페이지 | www.donghaksa.co.kr
www.green-home.co.kr

ISBN 978-89-7190-888-4 03810